LA SUFFISANCE DE LA GRACE, OU SERMON

Sur ces paroles de la ſeconde Epître de S. Paul aux Corinthiens. Chap. 12. verſ. 9.

Ma Grace te ſuffit.

A AMSTERDAM,
Chez HENRY DESBORDES Marchand-Libraire dans le Kalver-Straat, prés le Dam.

M. DC. LXXXVII.

LA SUFFISANCE DE LA GRACE, OU SERMON

Sur ces paroles de la ſeconde Epître de Saint Paul aux Corinthiens.

Chap. 12. verſ. 9.

Ma Grace te ſuffit.

MES FRERES.

JAmais Dieu n'envoye des afflictions à ſes Enfans, qu'il n'ait le ſoin de leur fournir quelques moyens pour les ſoutenir vigoureuſement, & pour en ſortir victorieux. S'il ſouffre qu'ils ſoient tentez, il leur donne avec la tentation une heureuſe iſſuë. S'il les abat d'une main, il les releve auſſi-tôt de l'au- 1. Cor. 10. 13.

tre, & quand ils ſe trouvent reduits dans les plus grandes extremitez, c'eſt en ces rencontres qu'il leur fait connoître par une douce experience que ſon ſecours favorable leur eſt toûjours preſent au beſoin. Il abandonne ſon ancien peuple au pouvoir des Egyptiens qui l'accablent de telle ſorte que ſa perte paroît entierement inevitable. Mais enfin jettant les yeux de ſa Providence ſur ſa nation captive, il envoye Moyſe qui ſecondé de ſon bras puiſſant fait des prodiges ſurprenans pour ſa délivrance, & qui la delivre en effet lui procurant la liberté malgré la reſiſtance de ſes cruels & impitoyables ennemis. Il permet que les trois Compagnons de Daniel ſoient precipitez dans une fournaiſe ardente pour n'avoir pas voulu rendre leurs hommages à la Statuë d'or que les Chaldéens adoroient par le Commandement de leur Roi. Mais dans cet inſtant ils ont la joye de voir un Ange deſcendre du Ciel qui entrant au milieu des flâmes en éteint l'ardeur devorante, & qui les y conſerve par un miracle étonnant ſans recevoir en leurs perſonnes le moindre dommage. Il expoſe ſon fidéle Serviteur Eſtienne aux perſecutions des Juifs qui le traittans de ſeducteur, prennent la réſolution de le lapider par une violence & une injuſtice qui ne peut être aſſez déteſtée.

tée. Mais dans ce moment pour animer le courage & la foi de ce Saint Martir, Jesus fend les cieux & se faisant voir à lui dans sa gloire, il lui presente la riche couronnne dont il est prét de recompenser sa perseverance & sa piété.

Ces exemples sont remarquables; cependant on peut assurer sans crainte que cette verité n'a jamais paru plus clairement qu'en la personne de Saint Paul ce grand Apôtre, que Dieu dans ses differentes épreuves à toûjours charitablement assisté. Est-il prisonnier à Jerusalem pour la cause de l'Evangile? Le Seigneur alors se presente à lui pour l'encourager par les pressantes exhortations qu'il lui adresse dans cette triste conjoncture. Se trouve-t'il batu sur la mer d'une violente tempête qui le menace d'un prochain naufrage? Dans cette agitation l'Ange de Dieu vient calmer sa crainte, l'assurant que quelque prochain que soit le danger il ne perira pourtant point, & que veillant pour sa conservation il l'en garentira heureusement avec tous ceux de sa compagnie. Si de peur qu'il ne s'éleve plus qu'il ne devoit à cause de l'excellence de ses revelations, Dieu juge à propos de lui mettre une écharde en la chair, un Ange de Satan pour le *buffetter*, afin que le sentiment de ses infirmitez l'obligeât à demeurer

Act. 23. 11.

Act. 27. 23.

merer toûjours dans une humilité Chrêtienne & Apoſtolique, ce même Dieu qui l'engage dans ce penible combat, lui donne des forces proportionnées à la nature des aſſauts qu'il avoit à ſoutenir. L'interêt qu'il prend en ſon ſalut l'oblige à le munir de toutes les graces neceſſaires pour rendre vaines les attaques du tentateur, & il lui communique ſon eſprit en une meſure abondante qui ſuffiſoit pour lui faire remporter ſur ce redoutable ennemi de ſon ſalut une glorieuſe victoire; Car c'eſt proprement dans ce deſſein qu'il lui tient le diſcours que nous venons de vous lire, *ma Grace te ſuffit.*

Ce fut toute la réponſe qu'il fit à ſa priere, comme il témoigne lui-même en ce lieu. Affligé d'être tous les jours aux priſes avec cet importun averſaire qui lui inſultoit ſans ceſſe, il ſupplia humblement le Seigneur de l'en délivrer, & non content de lui avoir demandé cette faveur une fois, il rëitera ce ſaint exercice par pluſieurs fois conſecutives, juſqu'à ce qu'enfin il aprit par une revelation expreſſe qu'inutilement il formoit ces vœux. Le Seigneur lui déclara que ſon intention n'étoit pas de l'exaucer ſur cet article, mais comme il aime ſes fidéles avec des tendreſſes ſingulieres qui ne lui permettent pas de les pouvoir abandonner, il lui pro-

promit de l'assister si puissamment par sa grace qu'avec elle tous les efforts de Satan n'auroient sur lui aucune puissance, *ma grace te suffit*. Nous nous proposons, mes chers freres, de méditer aujourd'hui ces importantes paroles qui sont si propres pour nous munir contre les grandes afflictions dont nous nous voyons de toutes parts enveloppez. Presentement nôtre condition a quelque chose de semblable à celle de ce grand Apôtre. Satan déchainé *qui sçait bien qu'il ne lui reste que peu de tems*, fait ses derniers efforts contre l'Eglise, il arme en quelque sorte contr'elle toutes les Puissances de la Terre, & il n'y a point de machines qu'il n'employe pour venir à bout de ses desseins. Dans ces épreuves qui semblent la mettre sur le bord du precipice, que ferons-nous de nôtre côté, fidéles? Nous devons suivant les traces & l'exemple de Saint Paul nous adresser au Fils Eternel de Dieu, implorer son secours & son assistance, lui demander en un mot sa grace sans laquelle *nous ne pouvons rien*, mais avec laquelle nous aurons sujet de dire comme cet Apôtre, *je puis toutes choses en Christ qui me fortifie*.

Apoc. 12, 12.

Jean. 15. 5.

phil. 4. 13.

Les Ebreux pour designer la Souveraine Majesté de Dieu se servent entr'autres du mot de Schaddai qui dans son éti-

Isidore. mologie signifie proprement le suffisant par excellence, parce que comme un Ancien le dit fort à propos, non seulement il n'a besoin de rien en lui-même, mais qu'il suffit de plus pour donner à chacune des creatures qu'il a formées ce qu'il leur est expediant & necessaire. Certainement, quand nous ne porterions point nos pensées ailleurs que sur sa grace ce titre lui seroit en ce seul égard tres-legitimement dû. Car nous pouvons dire que cette grace qui se trouve originairement en lui comme dans sa source est le principe de nôtre bonheur, le fondement de nos esperances, l'avantgoût de la felicité celeste, le plus precieux de tous les biens que nous puissions posseder en la vie presente, & pour dire encore quelque chose de plus elle seule est suffisante pour nôtre salut. C'est ce que nous tâcherons de vous faire voir en ce discours, où nôtre dessein est de considerer cette grace salutaire dans toute son étenduë, vous montrant qu'elle nous suffit de quelque côté & sans quelque idée que nous puissions la considerer. Car elle suffit pour nôtre justification, pour nôtre sanctification & pour nôtre consolation. Au premier égard nous vous la representerons comme une grace misericordieuse avec des tresors inepuisables de compassions qui suffisent pour procurer à tous les

les pécheurs repentans la remiſſion de leurs offenſes. Au ſecond égard nous vous la ferons voir comme une grace toute puiſſante & victorieuſe, qui ſçait triompher infailliblement de nôtre rebellion naturelle, & dont les forces ſont ſuffiſantes pour amener *toutes nos penſees captives* 2. Cor. 10.
& priſonnieres ſous le joug de l'obeïſſance de 6.
Dieu. Et nous vous en parlerons enfin comme d'une grace ſecourable qui vient toûjours au beſoin de ceux qui ſont dans la ſouffrance, & qui par une vertu ſecrete ſçait les remplir d'une douce joye dans les plus ameres douleurs. Mais parce que pour bien parler de la grace, il eſt neceſſaire que la grace agiſſe elle-même efficacement dans les cœurs, nous demanderons avant toutes choſes au Seigneur l'auteur & le principe de la grace, de nous en faire preſentement ſentir la vertu qui nous mette en état de vous entretenir dignement de ſon excellence, ſi bien que cette *grace non* ſeulement *ſoit répanduë ſur nos le-* pſ. 45. 3.
vres, mais principalement qu'elle s'inſinuë dans les plus intimes parties de nos ames pour y produire des diſpoſitions ſaintes qui répondent à ſa pureté, & aux enſeignemens qu'elle nous donne *de renoncer à* Tit. 2. 12.
l'impieté & aux mondaines convoitiſes pour vivre en ce preſent ſiecle ſobrement, juſtement & religieuſement. Amen.

Dans

Dans ces paroles vous voyez que Jeſus-Chriſt parle de la grace comme étant ſienne & lui appartenant en propre, *ma grace te ſuffit*, ce qui mérite bien d'être conſideré avec attention. Il eſt vrai qu'elle eſt quelquefois appellée la grace non ſeulement du Fils mais auſſi du Pere, c'eſt ce
1. Tim, 1. 2. qui fait dire à l'Apôtre, *grace miſericorde & paix de par Dieu nôtre Pere & de par Jeſus-Chriſt nôtre Seigneur*, parce qu'en effet le Pere Eternel ſans aucune conſideration de nôtre dignité propre ou de nos œuvres, par un pur motif de miſericorde nous introduit dans la Communion de ſon Fils, & nous enrichit pour l'amour de lui de toutes les graces que nous pouvons deſirer pour nous rendre heureux. Mais cette grace doit être particulierement nommée la grace de J. C. parce que c'eſt lui qui nous l'a acquiſe & meritée par ſes ſouffrances; C'eſt pour quoi Saint Jean dans la difference qu'il met au commencement de ſon Evangile entre Moyſe le Legiſlateur des Iſraëlites & Jeſus-Chriſt le Mediateur de la nouvelle alliance, dit bien à la loüange de ce grand Prophete qu'il a donné la Loi, mais il ajoûte que la gloire de nous avoir donné la grace ne peut être juſtement attribuée qu'au ſeul Fils de
Jean.1,17. Dieu, *la Loi a été donnée par Moyſe, mais la grace & la verité eſt advenuë par Jeſus-Chriſt.*

Christ. Car en effet nous pouvons dire que la grace comme elle a été la matiere & le sujet de toutes ses predications, doit être aussi considerée comme son veritable ouvrage. C'est pour nous en apporter les agreables nouvelles qu'il est descendu du Ciel en la Terre, & pour faire retentir aux oreilles des hommes qui jusques-là n'avoient oüi gronder sur leur têtes que les tonnerres & les foudres du Sinai ces douces paroles, *grace*, *grace*. C'est pour nous en rendre participans qu'il a enduré sur la Croix une mort infame & cruëlle dont la vertu nous à pleinement reconciliez avec la Majesté divine. C'est pour en faire sur les hommes une effusion plus abondante qu'il s'est élevé à la droite de son Pere, où il a pris possession de tous les tresors de sa maison sainte, afin de nous les communiquer. Aussi nous lisons *que le bon plaisir du Pere a été que toute plenitude habitât en lui*, afin, comme dit Saint Jean, *que de sa plenitude nous recevions, grace pour grace*. C'est donc avec beaucoup de justice que le Seigneur se glorifiant de la possession de cette grace, la nomme sienne, puisqu'elle est à lui par tant de raisons; elle est sienne par la pleine & entiere manifestation qu'il nous en a faite dans son Evangile, sienne par le prix inestimable de son Sacrifice qui a levé tous les obstacles qui l'empêchoient

Zach. 4. 7.

Colos. 1. 19.

Jean. 1. 16.

choient de se répandre sur nous, sienne par la vertu de son intercession qui nous en a obtenu & procuré la joüissance, le Pere Eternel ne nous comblant de ses graces salutaires qu'en sa seule consideration. Car si nous sommes élus de toute éternité c'est en Jesus-Christ. *Il nous a*, dit l'A-
Eph. 1. 5. pôtre, *predestinez pour nous adopter à soi par Jesus-Christ selon le bon plaisir de sa volonté*. Si nous sommes appellez salutairement, c'est encore Jesus-Christ, puisque
2. Tim. 1. Dieu, comme parle Saint Paul, *nous a sauvez & appellez par une sainte vocation, non selon nos œuvres, mais selon la grace qui nous a été donnée en Jesus-Christ devant les tems éternels*. Si nous sommes absous & justifiez de nos crimes, c'est en vertu de la grace & du mérite de ce grand Sauveur qui
2. Cor. 5. *a été fait peché pour nous, afin que nous fussions justice de Dieu en lui*, & à considerer sa grace sous cette idée, on peut assurer sans crainte qu'elle nous suffit. Nous ne pouvons en être privez que nôtre condition sur le champ ne devienne infiniment malheureuse. Car étans tous criminels de nôtre nature, ennemis de Dieu, dignes de la mort & de la condamnation éternelle, qu'eussions nous pû faire pour nous reconcilier avec sa justice, & pour nous la rendre favorable? Quand tous les hommes de l'Univers auroient pris de concert la reso-

lution

lution de s'immoler en Sacrifice propitiatoire, quand quelque Ange toûché de nôtre misere eût pris un corps pour s'exposer en nôtre place à tous les traits de la vengeance de Dieu, nous n'en eussions pas au fonds été plus heureux, & sa justice inexorable nous eût toûjours été ennemie. Mais ce que toutes les creatures qui sont ou dans les Cieux ou sur la Terre eussent inutilement tenté, c'est à quoi suffit la grace de nôtre Seigneur Jesus-Christ, c'est ce qu'elle accomplit en nous de la maniere la plus admirable. Sa mort nous a acquis la vie, ses souffrances sont le prix de nôtre Redemption, & sa Croix nous donne le droit à la possession du Trone de l'Univers. Quelque grand que soit le nombre de nos offenses, la grace de nôtre Seigneur Jesus est encore plus grande. Quand elles seroient *rouges comme le cramoisi*, cette grace a la vertu de les blanchir comme la neige. Quand leur multitude égaleroit celle des grains de sable qui sont sur le rivage de la mer dont il n'est pas possible de faire le calcul, cette grace par une heureuse & salutaire inondation les peut couvrir toutes, empêchant qu'elles ne se presentent aux yeux de Dieu pour nous condamner. Car *où le peché abonde, la grace abonde encore par dessus.* Il n'y a point de rebellions si criantes, ni de fautes si atroces dont elle ne

Esaie. 1. 18.

ne puisse nous procurer l'amnistie & l'abolition, pourveu que nous en soyons vrayement & sincerement repentans. Elle a suffi pour effacer dans les siecles precedens l'inceste d'un Lot, l'adultere & l'homicide d'un David, les impuretez & les debauches scandaleuses de la pecheresse, les rapines & les concussions d'un Zachée, les persecutions & les blasphémes d'un Saul; en un mot il n'y a point de coupables qu'elle ne puisse sauver, point de tâches qu'elle ne puisse laver, point de dettes qu'elle ne puisse acquiter, point de crimes qu'elle ne puisse aneantir à jamais.

Oüi pauvres pécheurs, qui gemissez sous le poids accablant de vos crimes, cessez d'aprehender & de craindre. Si vôtre conscience vous accuse, sçachez pour vôtre consolation que la grace de Jesus est suffisante pour vôtre salut: si saisis d'une juste horreur dans le souvenir de vos rebellions, vous ne pouvez vous empêcher de dire
Rom. 7. 24. 25. dans le trouble de vos esprits, *las miserable que je suis, qui me delivrera du corps de cette mort*, ne faites point difficulté d'ajouter ravis en vous-mêmes des richesses de cette grace salutaire que Jesus vous a acquise, *graces à Dieu par Jesus-Christ nôtre Seigneur*. Et c'est, mes Freres, ce qui fait voir combien est grande l'obligation où nous sommes de nous contenter de

cette

cette grace. Car puis qu'elle ſuffit pour nous juſtifier devant Dieu, que pourrions-nous ſouhaiter raiſonnablemēt d'avantage? Pourquoi penſerions-nous à lui aſſocier ou les merites prétendus de nos bonnes œuvres, ou les ſatisfactions ſurabondantes des Saints? N'eſt-ce pas lui faire une injure manifeſte & la traiter d'inſuffiſante, comme ſi elle n'avoit pas aſſez de vertu pour faire nôtre paix avec Dieu? Ou bien la grace ne peut ſeule par ſon efficace propre nous conferer le pardon de nos pechez, & ſi cela eſt comment ſera veritable le diſcours que le Seigneur tient à ſon Apôtre *ma Grace te ſuffit*: ou ſi l'on demeure d'accord que la grace ſeule eſt ſuffiſante pour nous obtenir l'abſolution de nos crimes, à quoi bon y vouloir joindre nos propres merites qui ne peuvent compatir avec la grace, *car ſi c'eſt par œuvre, ce n'eſt plus par grace, autrement œuvre n'eſt plus œuvre.* Je renoncerai donc à mes œuvres pour attendre ma juſtification de la ſeule grace du Seigneur Jeſus. Si je me trouve deſtitué de merites, je n'aurai pourtant point de peur; car cette grace ſera mon merite & je mettrai en elle ſeule l'eſperance de mon ſalut. Si je ne découvre en moi que des imperfections & que des défauts capables de choquer ſes yeux, j'aurai recours à la grace de mon Sauveur *qui ne briſe*

Rom. 11. 6.

ſe point le roſeau caſſé & qui n'éteint point le lumignon qui fume, perſuadé qu'entre ſes bras je ne perirai jamais. Tel étoit le ſentiment de Job le plus patient de tous les hommes quand il s'écrioit ſur ſon fumier,
Job, 9. 2. 3 *comment l'homme mortel ſe justifiera-t'il envers le Dieu fort? S'il veut plaider avec lui il ne lui répondra point de mille articles à un ſeul.* Tel le ſentiment de David l'homme ſelon le cœur de Dieu qui s'humiliant profondement en ſa preſence lui fait cette
Pſ. 130. 3. 4. confeſſion ſincere, *ſi tu prenois garde aux iniquitez qui eſt-ce qui ſubſiſteroit? mais il y a pardon par devers toi, afin que tu ſois craint.* Tel le ſentiment du Saint Prophete Daniel lors que convaincu de ſon indignité propre, il diſoit tant en ſon nom que dans
Dan. 9. 18. la veuë des pechez de tout ſon peuple, *les miſericordes & les pardons ſont du Seigneur nôtre Dieu, car nous nous ſommes revoltez contre lui. Nous ne preſentons point nos ſupplications devant ta face appuyez ſur nos justices, mais ſur tes grandes compaſſions.* C'eſt
Rom. 8. 32. auſſi le procedé de Saint Paul. Il défie tous les ennemis de ſon ſalut d'intenter aucune ſorte d'accuſation contre les élus de Dieu; il s'aſſure qu'il y a point de condamnation à craindre. Et quel penſez-vous que ſoit le fondement de cette aſſurance qu'il fait paroître? Sont ce ſes œuvres? Eſt-ce la bonne opinion qu'il a de ſes

ses perfections & de ses merites? Ah! qu'il étoit éloigné de cette pensée, lui qui fait profession ouverte de renoncer entierement à *sa Justice qui est de la Loi*; phil. 3. 9. Mais ce qui le remplit de confiance dans le sentiment de ses pechez propres, c'est la grace de Iesus-Christ, c'est son merite infini, c'est ce qui lui met dans la bouche ces belles paroles, *qui est-ce qui condamnera? Jesus-Christ est celui qui est mort, & qui de plus est resuscité.* Rom. 8. 13. Il n'y a rien de plus necessaire, ni en même-tems rien de plus seur que de nous reposer entierement sur la grace du Sauveur, grace qui suffit pour la justification de tous les pécheurs, tant de ceux qui ont autrefois vêçu sous la Loi, que de ceux qui vivent presentement sous l'Evangile, & qui vivront jusqu'à la consommation des siecles; grace qui ne se peut jamais épuiser, & qui seroit suffisante pour sauver non seulement ce monde tout entier, mais dix mille mondes s'il y en avoit autant dans l'être des choses; grace qui nous est representée dans l'Ecriture avec des entrailles bruyantes de compassion, avec des mains pleines de benedictions & de faveurs pour les répandre sur les hommes, avec des regards doux & benins qui ne témoignent que de la charité aux ames contrites & penitentes.

Mais ce n'est pas, mes Freres, le seul
avantage qui nous revient de la grace.
Comme elle suffit pour nôtre justification, disons en second lieu qu'elle est suffisante pour nous regenerer en une nouvelle vie, & pour produire en nos cœurs
Eb. 12. 14. les habitudes de la sanctification *sans la-*
quelle il est impossible de voir la face de Dieu.
En ce sens nous devons soigneusement
distinguer la grace d'avec la predication
de la parole Evangelique dont Dieu se
sert pour appeller les hommes au salut,
& pour les introduire dans la Communion
de son Fils. I'avouë que cette parole ex-
terieurement annoncée est quelquefois
Col. 1. 6. appellée la grace de Dieu. *Vous avez,*
dit l'Apôtre, *oüi & connu la grace de Dieu*
en verité. Nous vous prions, dit-il ailleurs,
2. Cor. 6. 1. *que vous n'ayez point reçû la grace de Dieu*
en vain, la grace de Dieu, c'est-à-dire
la parole de l'Evangile qui vous a été annoncée, & que vous avez fait professio
de recevoir avec obeïssance de foi. Mai
à le prendre de cette maniere on ne peut
pas dire que la grace de Dieu soit suffisante pour nôtre sanctification. Tout c
que l'Evangile peut faire, lorsqu'il n'
proposé seulement que par le ministe
exterieur de la predication, c'est qu
suffit pour convaincre les hommes,
pour les rendre inexcusables, puisque s'il
n'e

n'en font pas leur profit, c'eſt par leur faute, & à cauſe de l'endurciſſement indomptable de leur cœur. Mais dans le fonds il n'eſt pas capable de les convertir effectivement. Ce que l'Ecriture nous enſeigne lorſque parlant de l'état où les hommes ſe rencontrent dans leur corruption naturelle, elle nous les repreſente comme des aveugles, des ſourds, des paralytiques, elle va même juſques à dire qu'ils *ſont morts en leurs fautes & en leurs pechez.* Car ſi telle eſt la condition de tous les hommes du monde, c'eſt bien ſuppoſer que la parole de l'Evangile ne peut ſeule les reſſuciter, comme ce ſeroit inutilement qu'on crieroit avec beaucoup de vehemence aux oreilles d'un mort afin de lui rendre la vie. Afin donc de nous rendre ſalutaire le Miniſtere externe de cette parole, il faut de neceſſité qu'une grace interieure lui ſoit jointe. Sans elle nous ne l'embraſſerions jamais, & au lieu de nous y ſoumettre, nous dirions plûtôt comme ces mauvais Diſciples qui tournerent le dos au Sauveur, parce qu'ils ne comprenoient point ſa Doctrine, *cette parole eſt rude, qui la peut oüir?* Que les Miniſtres de l'Evangile, comme autant de Boanerges tonnent avec toute la force & toute l'éloquence dont ils peuvent être capables, qu'ils tâchent d'effrayer

Eph. 2. 1.

Iean. 6. 60.

leurs auditeurs en leur denonçant la ſe-
verité inflexible des juſtes jugemens de
Dieu, qu'ils s'efforcent de les attirer *par*
Oſée 11.4. *les liens de l'amour & par les cordeaux de*
l'humilité, comme parle l'Ecriture, qu'ils
mettent également en uſage & la terreur
des menaces, & la douceur engageante
des promeſſes, ſi une grace interieure &
toute puiſſante ne vient à leur ſecours
pour donner du poids & de l'efficace à
leurs paroles, ſi par une force irreſiſtible
elle ne ſe rend la maitreſſe de toutes leurs
affections, il en ſera des exhortations qui
1. Cor. 13. 1. leur auront été adreſſées *comme de l'airain*
qui reſonne, ou comme d'une cymbale qui
tinte, & tout le fruit qu'ils remporteront
de leurs peines, c'eſt qu'enfin ils auront
lieu de s'écrier comme le Prophete
Eſaie 53. 1. dans une douleur amere, *qui a crû à*
nôtre predication, & à qui le bras de l'E-
ternel a-t'il été revelé; Ainſi pendant que
le premier Martyr de l'Egliſe S. Etienne
pour ſe juſtifier en la preſence du grand
Conſeil de la nation Juifve des crimes
dont il étoit accuſé faiſoit ſon apologie
& celle de la Religion Chrêtienne, ces
miſerables pleins de fureur de ne pouvoir contredire à l'évidence de ſes raiſons
crevoient en leurs cœurs, grinçoient les
dens, bouchoient leurs oreilles, comme
s'il eût proferé quelques diſcours impies
&

& blasphematoires. De même pendant que Saint Paul expliquoit au milieu de l'Areopage les principaux mysteres de la foi, avec une force & une éloquence dignes de l'Esprit dont il étoit animé, les Atheniens à l'oüie de cette Doctrine nouvelle, dont ils ne pouvoient comprendre la sainteté ni le prix, le repousserent avec d'édain & ils en vinrent même jusqu'à le traiter de visionnaire & de *babillard*; Act. 17. 18.
comme encore quelque tems aprés Festus l'ayant oüi annoncer les veritez de l'Evangile l'accusa d'être *hors de sens*, Act. 26. 24.
preuve certaine que si Dieu n'accompagne la Predication de sa parole de la vertu de son Esprit, il est impossible qu'elle produise jamais en nous les effets salutaires ausquels elle est destinée, & nous ne la regarderons que comme une pure folie. En même temps que la parole frappe nos oreilles, il est necessaire que son esprit brise interieurement nos cœurs pour faire de ces cœurs durs comme *la pierre des* Ezech. 11. 19.
cœurs de chair, & quand une fois il plaît au Seigneur de déployer en nous cette grace toute-puissante, il faut reconnoître qu'elle nous *suffit*.

Pour mieux comprendre la nature de cette suffisance dont le Seigneur parle à son Apôtre, donnez-vous bien garde, mes Freres, d'entendre par elle une suffisance telle que se la figurent ie quelques-uns qui prétendent qu'on doit distinguer deux sortes de graces, l'une qu'ils nomment suffisante, l'autre qu'ils appellent efficace. Ils veulent qu'il n'y ait point entre ces deux graces d'autre difference que celle qui y est mise par la volonté de l'homme, disant qu'elle n'est simplement que suffisante, lors que l'homme ne croit point & qu'il s'obstine dans son endurcissement; & qu'au contraire elle est efficace quand il en est vi-vement & salutairement toûché. Suivant cette pensée tout l'effet de la grace dependra non de sa vertu particuliere, car on suppose qu'elle est égale indifferemment en tous; mais elle dependra seulement de nos propres forces, puisque sans déterminer la volonté d'un côté ni d'autre, elle se contentera de la mettre dans une espece d'équilibre entre le bien & le mal, pour prendre elle-même tel parti qu'elle jugera le plus à propos. Doctrine étrange & déraisonnable qui n'est propre qu'à enfler le cœur de l'homme de presomption & d'orgueil: aussi ne peut-elle compatir avec celle de l'Ecriture qui la renverse entiérement; & pour la détruire, il n'est besoin seulement que de faire reflexion sur ces paroles de Saint Paul, lors qu'il propose cette que-stion

ſtion aux fidéles, *qui eſt-ce qui met de la* 1. Cor. 4.
difference entre toi & un autre? Qu'as tu 7.
que tu ne l'ayes reçu, & ſi tu l'as reçu pourquoi t'en glorifies tu, comme ſi tu ne l'avois point reçû? Car dans ces paroles il ſuppoſe avec évidence que la diſtinction qui ſe remarque entre les hommes dont les uns croyent, & les autres ne croyent point, ne peut venir que de Dieu ſeul qui les diſcerne lui-même; & qui met entr'eux telle difference que bon lui
ſemble. *D'une même maſſe de terre il fait* Rom. 9.
des vaiſſeaux à honneur, & des vaiſſeaux à 21.
deshonneur, laiſſant les uns dans leur corruption originelle par un effet de ſon juſte jugement, & agiſſant dans les autres avec efficace pour les amener ſalutairement à ſoi; car comme nous l'enſeigne ce grand Apôtre, *ce n'eſt ni du voulant ni du courant, mais de Dieu qui fait miſericorde.* Si donc ce n'eſt point chaque fidéle en particulier qui ſe diſcerne ſoi même, ce n'eſt point non plus à ſa volonté qu'il a l'obligation de ſa foi ni des vertus dont il eſt orné; c'eſt à Dieu ſeul qui fait ce diſcernement, & qui dompte la rebellion de ſon cœur par la vertu de ſa grace, ſans qu'il ſoit au pouvoir de l'homme d'aneantir ſon effet. Et quelle apparence auſſi que pour munir ſon Apôtre contre les attaques violentes du tentateur, il ſe

 fût

fût contenté de lui donner ſeulement une grace de cette nature qui n'auroit point eû d'autre uſage que de mettre ſa volonté dans l'indifference & dans l'équilibre. Quoi, mes Freres, peut-on ſoutenir avec quelque ombre de vrai-ſemblance, que c'eût été lui faire une promeſſe fort avantageuſe, de lui dire ſeulement pour calmer ſon eſprit & pour diſſiper ſes craintes, *ma Grace te ſuffit*, dans le deſſein de ne ſignifier par ces paroles rien autre choſe ſinon, je te donne une grace qui te rendra victorieux du Satan, ſi tu as l'adreſſe de t'en bien ſervir, & ſi au lieu de te laiſſer ſurprendre par ſes tentations, tu les repouſſes toûjours au loin par une vigoureuſe reſiſtance. En conſcience comment une grace ſi foible, & ſi incertaine dans ſes effets, eût-elle été capable de produire dans ſon ame cette ferme & inebranlable confiance qu'il fait paroître dans ſes écrits, où perſuadé pleinement de ſon ſalut éternel, il s'aſſure que rien
Rom. 8. au monde *ne le pourra ſeparer de l'amour*
98. *de Dieu.* Cette conſideration au lieu de lui mettre l'eſprit en repos, ne lui auroit elle pas plûtôt cauſé des inquiétudes mortelles, dans l'apprehenſion que ſa volonté ne ſe tient pas toûjours ſi fortement attachée & déterminée au bien, qu'elle ne vint tout d'un coup par un vain caprice

price à s'en éloigner, comme ſon inconſtance & ſa corruption naturelle ne lui donnent de ce côté-là que trop de penchant.

Diſons donc, mes Freres, que la grace ne peut nous ſuffire ſi en même tems elle n'eſt efficace de ſa nature. Diſons qu'il ne lui ſuffit pas de laiſſer la volonté indeterminée entre le bien & le mal, mais de plus qu'elle penétre dans toutes nos facultez pour les aſſujetir abſolument à ſon celeſte & divin Empire, comme Saint Paul l'enſeigne formellement dans ce beau paſſage où il poſe comme une verité conſtante, que *Dieu produit en nous avec efficace & le vouloir & le parfaire ſelon ſon bon plaiſir*. Remarquez bien *avec efficace*, preuve inconteſtable que ſon operation eſt ſi forte qu'elle ſurmonte infailliblement toute la reſiſtance de la volonté de l'homme, lui donnant non ſeulement les commencemens de la ſanctification que l'Apôtre nomme *le vouloir*, mais auſſi *le parfaire*, comme il parle, c'eſt-à-dire, le don de la perſeverance pour le conduire à la derniere perfection, & au comble de la poſſeſſion pleine & entiere du ſalut, ne ſe donnant point de relâche qu'elle ne nous ait amenez au but de la vocation d'enhaut : & pour ne laiſſer à perſonne aucun ſujet de doute ſur cet article, vous voyez

Phil. 2. 13.

voyez en un autre endroit que ce même Apôtre se montre ingenieux à entasser des expressions qui encherissent l'une sur l'autre, comme s'il apprehendoit de n'en dire pas assez, afin de nous donner de la grace la plus haute idée qu'il soit possible d'en avoir, demandant à Dieu pour les
Eph. 1. 18. 19. 20. Ephesiens, *qu'il leur donne les yeux de leur entendement illuminez, afin*, ajoûte-t'il, *que vous sachiez quelle est l'excellente grandeur de sa puissance sur nous qui croyons selon l'efficace de la puissance de sa force qu'il a deployée avec efficace en Christ quand il l'a resuscité des morts.* Où il paroît que cet Apôtre attribuë à la grace, non seulement de la force, mais une puissance de force, non seulement une puissance de force, mais une grandeur de puissance, & de plus encore une excellente grandeur de puissance, & pour montrer que ce n'est pas sans raison qu'il parle de cette puissance en des termes si magnifiques, il dit qu'elle est toute semblable à celle que Dieu a fait éclater dans la resurrection du Seigneur Jesus. Car comme nôtre état naturel est une espece de mort, aussi quand Dieu nous convertit, l'Ecriture dit qu'alors il nous resuscite & nous vivifie. Elle va même jusqu'à comparer cet heureux changement que la grace produit en nous à la creation de l'univers,

nivers, parce qu'il n'y a pas eu plus de difficulté à tirer toutes les creatures du neant, qu'il y en a quand il s'agit de tirer un pecheur du neant de sa corruption & de ses crimes pour *le transporter au Royaume de la merveilleuse lumiere* de Dieu, étant absolument necessaire que sa toute-puissance infinie se deploye en cette derniere creation aussi bien qu'en la premiere. Ce n'est pas qu'elle use d'aucune violence sur nos volontez, ou qu'il faille s'imaginer qu'elle nous pousse comme des pierres inanimées qui n'ont aucune connoissance de leur mouvement. Dans le même temps où la parole de l'Evangile nous recommande nôtre devoir, la grace nous fait trouver du plaisir à y satisfaire, elle ne laisse pas nôtre volonté dans l'indifference, mais elle est aussi fort éloignée de la contraindre. Sa force est temperée d'une douceur admirable & engageante tout ce qui peut, mais aussi cette douceur est accompagnée d'une force invincible, qui de non voulans & de rebelles, nous rend voulans & parfaitement soumis aux Commandemens de Dieu, si bien que son action dans nos ames est également douce & forte. Elle est douce, puisqu'elle fait que nous nous portons sans repugnance à suivre la vocation de Dieu: mais elle est forte puisqu'elle

1. Pier. 2. 9.

qu'elle renverſe infailliblement tous les Conſeils & toutes les forteresſes qui s'é-
2. Cor, 10. 5. levent contre ſa connoiſſance en nos cœurs. Elle eſt douce, car elle ſe fait aimer : mais elle eſt forte, puiſque du plus grand pécheur elle peut en un moment en faire un grand ſaint. Elle eſt douce puiſque ſes fers ſont agreables à ceux qui les portent; mais elle eſt forte, puiſque les chaines precieuſes dont elle les charge les attirent neceſſairement où il lui plaît. Elle eſt douce puiſqu'elle ne nous engage à rien à quoi nôtre volonté ne conſente, mais elle eſt forte, puiſqu'elle a la vertu de nous changer en des creatures nouvelles, apportant en nous un changement ſi conſiderable qu'à peine eſt-il poſſible d'y remarquer aucune des qualitez qu'on y voyoit auparavant.

Il ne faut donc point douter, mes Freres, que cette grace qui nous convertit ne ſoit ſuffiſante pour nôtre ſanctification. A peine entre-t'elle dans un cœur qu'il ne s'y trouve plus rien qui ſoit capable de lui reſiſter. Elle abat le peché & toutes ſes convoitiſes impures qui y regnent, de même que Dagon tomba en la preſence de l'arche. N'importe que ce cœur ſoit rebelle, elle l'aſſujetit à ſes loix; ou farouche elle l'aprivoiſe; ou ou dur & inflexible elle l'amollit, ou indomptable, elle lui fait recevoir le joug; ou fier & opiniatre, elle l'humilie. Quand il seroit plus impenetrable & plus insensible qu'un rocher, elle sçait par une merveille des plus surprenantes, *des pierres même faire naître des enfans à Abraham.* Matth. 3. 9. Il n'y a quand il plaît au Seigneur, point d'abîme de corruption qu'elle ne comble, point d'orgueil qu'elle n'e confonde, point de froideur qu'elle néchauffe, point d'obliquité qu'elle ne rédresse, point de perversité qu'elle ne determine au bien. C'est pour nous aprendre cette verité que le Seigneur disoit au persecuteur Saul sur le chemin de Damas, *il t'est dur de regimber contre les aiguillons*, Act. 9. 5 comparaison prise des bêtes restives qu'on est obligé de picquer avec des aiguillons jusques au vif afin de les faire avancer, & qui enfin apres quelque resistance sont contraintes de passer outre, & de suivre en dépit d'elles les volontez de ceux qui ont le soin de les conduire, & par là le Fils de Dieu vouloit faire connoître á cet ennemi de sa gloire qu'en vain il entreprenoit de lui resister, que sa grace victorieuse comme un aiguillon penetrant l'assujetiroit aisément á son empire, & qu'elle entreroit dans son coeur avec une telle efficace qu'enfin elle l'obligeroit

roit à mettre les armes bas, & à recevoir humblement ses impressions salutaires. Comme de fait c'est ce qui s'accomplit en la personne du saint Apôtre d'une maniere qui fait voir evidemment combien l'action de la grace est puissante & invincible. Car y eut-il jamais une conversion plus admirable & plus prompte que la sienne? Il s'avancoit en Damas le cœur plein de rage contre les fideles Disciples de I. C. la bouche pleine de menaces & de blasphemes contre la verite de l'Evangile. Poussé d'un si pernicieux dessein il couroit avec ses satellites vers cette proye innocente qu'il se promettoit d'engloutir sans aucune contradiction. Mais le Seigneur qui se fait voir à lui dans les cieux change en un moment toutes ses pensées: Il fait briller à ses yeux une lumiere plus vive que celles du soleil, & cette lumiere qui obscurcit les yeux de son corps illumine ceux de son ame, & lui met dans tout leur jour les mysteres du salut. Il le renverse dans la poussiere, & cette chûte terrace avec lui son animosité & sa haine. Il tombe persecuteur & il se releve fidele; Il tombe ennemi de Jesus, & il se releve son disciple. Il tombe les armes à la main, & il se releve avec la confession de sa faute dans la bouche, signe certain qu'un moment suffit à la grace pour venir

nir à bout des converſions les plus difficiles. Dés qu'elle vient à paroître elle remporte la victoire, elle triomphe, elle foule le vice ſon ennemi capital & irreconciliable ſous ſes pieds, & ſi un grand Capitaine prit autrefois ces paroles pour ſa deviſe, je ſuis venu, j'ai veu, j'ai vaincû, c'eſt la même gloire que nous pouvons juſtement attribüer à la grace, puiſqu'un ſeul de ſes regards favorables ſuffit pour ranger nos paſſions les plus fieres ſous le joug. *Qui eſt celui*, dit l'Apôtre, Rom. 9.
qui peut reſiſter à la volonte de Dieu? Diſons de même, qui pourroit reſiſter à la grace ſalutaire, & où eſt celui qui ſoit capable d'en empêcher les effets? En vain l'enchanteur Elymas n'oublie rien pour détourner de la foi le Proconſul Serge Paul, la grace plus forte que tous les preſtiges de ce Magicien vient heureuſement à bout de ſon deſſein, & il n'y a point de fidéle qui ſentant en ſoi de bons mouvemens & de ſaintes diſpoſitions n'ait ſu de dire comme l'Apôtre, *toutefois ce n'eſt* 19.
point moi, mais la grace de Dieu qui eſt 1. Cor. 15.
avec moi. 10.

Que ſi la grace a tant de vertu pour dompter le peché qui habite en nous, elle n'a pas moins d'efficace pour nous conſoler quelque triſte & deplorable que ſoit nôtre condition en la Terre, & c'eſt encore

core à cet égard qu'on a juſte ſujet de dire que *la Grace nous ſuffit*. Auſſi c'eſt dans cette veuë que le Redempteur tient ce diſcours à ſon Apôtre. Il étoit, comme nous vous l'avons montré, étrangement abatu de ſe voir cet Ange de Satan qui le travailloit ſans lui donner preſques de repos ni le loiſir de reprendre haleine. Dans ce trouble de ſon eſprit il s'étoit humblement adreſſé à Dieu le priant qu'il le delivrât d'une perſecution qui lui étoit ſi incommode & ſi importune, mais il n'eût point d'autre réponſe à ſa demande que ces paroles, *ma Grace te ſuffit*. Ne t'afflige point, lui dit le Sauveur, ſi je ne t'accorde pas la delivrance que tu ſouhaitte avec tant de paſſion. Quoi qu'il arrive, ſois perſuadé que je ne t'abandonnerai jamais. Tu voudrois que j'éloignaſſe de toi cet Ange de tenebres dont les inſultes continuelles te fatiguent. Mais ſi je n'exauce pas tes vœux, je ſubviendrai à tes beſoins d'une autre maniere; pren courage ſeulement & te fortifie, *ma Grace te ſuffit*, & tu ne dois point douter que ſon ſecours qui te ſera toûjours preſent ne ſoit capable de te ſoutenir avec ſuccez dans ces penibles épreuves. C'eſt par cette douce aſſurance que Jeſus-Chriſt le conſole, & c'eſt auſſi de cette même penſée dont nous devons nous ſervir au milieu

milieu des afflictions où la divine Providence nous peut exposer. Quelques épineuses & accablantes qu'elles puissent être, ne nous en mettons pourtant point en peine: La grace de Dieu qui nous est promise comme à Saint Paul suffit pour donner à nos tentations une glorieuse issuë, & pour nous fournir les moyens d'en sortir victorieux à la joye & à la consolation de nos ames. Nous ne pouvons en effet mieux nous representer la grace que sous le Symbole de ce bois miraculeux qui fut jetté par Moyse dans les eaux de Mara afin de les adoucir. Leur amertume desagreable ne permettoit pas aux enfans d'Israël d'en boire, & ils étoient en danger de mourir bien-tôt de soif dans ces vastes solitudes: mais par la vertu puissante de ce bois miraculeux, elles perdirent sur le champ cette amertume & devinrent douces, de sorte que tout ce grand peuple en but à son aise. C'est de la même maniere que les afflictions de la vie presente qui de leur nature sont ameres s'adoucissent en un moment par le secours de la grace qui fait *que toutes choses aident ensemble en bien à ceux qui aiment Dieu.* Par son moyen, comme autrefois Samson, nous trouvons du miel dans la charogne des lions, c'est-à-dire, des douceurs inexprimables dans les choses qui y semblent le

Exod. 15. 25.

Rom. 8. 27.

 plus

plus oppoſées, & des plaiſirs innocens au milieu des maux dont on croiroit que nous duſſions être engloutis ſelon toutes les apparences. Par elle nous avons l'avantage de rencontrer la tranquilité dans le trouble, la paix dans les agitations de la guerre, l'aſſurance dans les perils, la joye dans la triſteſſe, le profit dans les pertes, les richeſſes dans la pauvreté, la ſanté dans les maladies, la gloire dans les opprobes, la vie dans la mort. Par elle les foibles ſont fortifiez, les timides encouragez, ceux qui chancelent affermis, & il n'y a point de malheureux, quelque triſte que ſoit l'état où ils ſe trouvent, en qui ſa vertu divine ne puiſſe magnifiquement éclater. Souvent on a veu des femmes timides & foibles, même des enfans tendres & délicats ſouffrir avec conſtance, ou plûtôt avec des tranſports inconcevables de joye
Rom. 5. 3. les plus cruelles tortures, & *ſe glorifier*, comme dit Saint Paul, dans les tentations, par un effet miraculeux de cette grace du Seigneur qui les animoit en ces rencontres, & qui les rendoit comme inſenſibles aux plus violentes attaques des ennemis de leur ſalut. Nous ne devons pas, mes Freres, le trouver étrange, & il ne ſe peut faire qu'il en arrive autrement. Car d'un côté cette grace benigne & charitable nous aſſure interieurement de nôtre paix &

& de nôtre reconciliation avec Dieu. Elle nous fait voir le Ciel appaisé, la justice du souverain Juge desarmée, les foudres tombez de ses mains, autant de choses qui remplissent l'ame du fidéle *d'une joye inenarrable & glorieuse*, & qui lui font gouter en sa conscience les douceurs exquises de cette paix celeste & divine *qui surmonte tout entendement*. Alors quand une fois nous sommes bien persuadez de la remission pleine & entiere des pechez que nous avons commis, il n'y a point de maux si cuisans, ni de tentations si terribles qui soient capables de nous ébranler. Que la persecution comme un furieux orage vienne fondre impetueusement sur nous, qu'elle nous jette comme sur le bord du precipice, privez de toute protection & de tout support en la Terre, nous ne craindrons point dans l'assurance que Dieu nous est un Pere propice : *car s'il est pour nous rien ne sçauroit être contre nous*. Et c'est en ces occasions qu'on voit les fidéles défier courageusement tous leurs ennemis spirituels, & dire comme Saint Paul pleins d'une ferme confiance, *qui nous separera de la dilection de Christ? Sera-ce oppression, ou famine, ou nudité, ou peril ou épée? mais en toutes ces choses nous sommes plus que vainqueurs par celui qui nous a aimez*.

1. pier. 1. 8.

Phill. 4. 7.

Rom. 8. 30.

Rom. 8. 34.

Rom. 8. 36.

D'ailleurs cette même grace aprés avoir consolé nos ames par les douces assurances qu'elle nous donne de nôtre reconciliation, ouvre en même-tems nos yeux, les yeux de nôtre foi pour contempler le bonheur & la gloire que Dieu destine à ses enfans dans les cieux, & cette gloire ineffable ravissant sur le champ nos cœurs par sa magnificence & par son éclat engloutit toutes nos souffrances. Elle occupe nos esprits de telle maniere par la consideration des biens à venir, qu'elle ne nous permet pas de les arrêter sur les afflictions presentes. Si elles sont grandes & insupportables, nous n'avons pourtant pas de peine soutenus par la vertu de la grace, & éclairez de ses vives lumieres à reconnoître la verité que nous enseigne
Rom. 8. l'Apôtre Saint Paul que *tout bien compté,*
18. *les souffrances du tems present ne sont point à contrepeser avec la gloire qui doit être révelée en nous*, & nous nous rejoüissons dans l'esperance *que cette legere affliction qui ne*
2. Cor. 4. *fait que passer produira en nous un poids éter-*
17. *nel d'une gloire souverainement excellente.* Sommes nous chassez de nôtre patrie pour les interéts de la verité, comme c'est en effet la condition de plusieurs de nous? Cette grace par son infinie vertu transporte nos cœurs de la terre au Ciel. Elle nous assûre que ce glorieux sejour est nô-

tre

tre veritable patrie, où Dieu nous destine *un heritage incorruptible* qui n'a point de prix, & où il nous promet de nous recueïllir en ses grandes misericordes, *afin que là où il est nous soyons aussi avec lui.* Sommes nous pour la cause du Seigneur Jesus, & pour la profession de son Evangile dépouillez de nos biens & de nos commoditez temporelles, comme l'on void aujourd'hui un si grand nombre des fidéles que les fureurs de la persecution ont reduits dans ce triste état? Cette grace pour nous consoler de ces pertes nous presente aussi-tôt d'autres biens, *ces biens éternels qu'œil n'a point veus ni oreille ouïs & qui ne sont jamais montez dans le cœur d'aucune personne.* Elle fait briller à nos yeux ces riches tresors *que la roüille ne peut gâter, que les larrons ne percent ni ne dérobent*, dont la possession est assurée aux enfans de Dieu, puisque celui qui les leur *à promis est fidéle.* Sommes nous renfermez étroitement dans des prisons & chargez de chaînes pesantes pour le témoignage du Sauveur, comme helas plusieurs de nos freres se trouvent aujourd'hui dans ces funestes extremitez? Cette grace venant à nôtre secours nous assure que dans cet état nous ne laissons pas encore de posseder la vraye liberté des enfans de Dieu, & qu'au sortir des prisons & des cachots

1. pier. 1. 4.

Jean. 17. 24.

1. Cor. 2. 9.

Matth. 9. 19.

Eb. 10.23.

nous ſerons recueillis dans un palais admirable de lumiere, & aſſis ſur des trônes reſplendiſſans & ſuperbes pour regner éternellement avec Dieu. Avons-nous en tête des ennemis redoutables qui s'élevent contre nous d'un commun accord, & dont les entrepriſes funeſtes n'ont point d'autre but que de nous perdre, comme l'on ne peut douter que ce ne ſoit en nos jours la condition de l'Egliſe? Il eſt vrai que de nous-mêmes nous n'avons pas la force de reſiſter à tant d'ennemis; mais *la grace de Dieu nous ſuffit*, & avec elle nous pouvons dire munis d'une
Pſ. 3. 7. Chrêtienne aſſurance, *je ne craindrai point pluſieurs milliers de peuples, quand ils ſe rangeroient autour de moi*; je me confierai en l'Eternel dont la grace eſt un puiſſant boulevard contre les machinations des hommes, & un azile inviolable que leurs plus terribles aſſauts ne peuvent forcer. Avons-nous enfin à lutter contre Satan
1. pier. 5. 8. ce formidable adverſaire qui *comme un lion rugiſſant* environne ſans ceſſe les enfans de Dieu, *cherchant qui il pourra engloutir*, c'eſt ici, mes Freres, c'eſt ici ſur tout qu'il eſt vrai de dire que *la grace nous ſuffit*, parce qu'elle eſt comme la foi un bouclier im-
Eph. 6. 16. penetrable *par lequel nous pouvons éteindre tous les dards enflammez du malin*. S'il nous attaque du côté des promeſſes en nous mon-

montrant comme il le fit au Sauveur *tous les royaumes du monde & leur gloire* avec asſurance de nous les donner pourveu *que nous proſternant en terre, nous l'adorions.* Cette grace nous aprend *que nous avons dans les cieux une meilleure ſubſtance qui eſt permanente*, que Dieu nous y reſerve *un royaume qui ne peut-être ébranlé*, & dans cette ferme attente nous ne manquons pas auſſi-tôt de dire à l'ennemi de nôtre ſalut, *ton argent periſſe avec toi, va arriere de moi Satan.* Si pour faire une plus forte impreſſion ſur nos eſprits il joint des menaces à ſes promeſſes, la grace de Jeſus ſuffit encore pour nous les faire mépriſer. Elle nous repreſente que nous avons dans le Ciel un Protecteur plus puiſſant que tous les Demons conjurez enſemble qui *ne peuvent ravir de ſes mains* divines aucun de ceux qui ſont à lui & qu'il a élus en ſon fils avans tous les ſiecles. *Que Dieu ſe leve*, dit le Pſalmiſte, *& ſes ennemis ſeront diſperſez.* C'eſt dont nous pouvons juſtement faire l'application à la grace. Dés qu'elle vient à paroître & à deployer en nous ſa vertu, tous ſes adverſaires & les nôtres ſont contraints de prendre la fuite, couverts de honte & de confuſion. Devant cette grace Satan ne peut ſubſiſter un moment. C'eſt un Ange invincible & fort ſemblable à celui qui nous

Matth. 4. 8.
Ebr. 10. 34.
Ebr. 12. 28.
Actes. 8. 20.
Matth. 16. 23.
Jean 10. 29.
pſ. 68. 1.

Apoc. 10. 2. eſt depeint dans l'Apocalypſe combatant contre le Dragon, & qui remporta ſur lui la victoire, & ſi l'on dit du premier Empereur Chrêtien le grand Conſtantin que Dieu lui fit voir dans les airs une croix lumineuſe, ſur laquelle ces paroles remarquables étoient empreintes, *par ce ſigne tu vaincras*, c'eſt ce qu'on peut à plus forte raiſon dire de la grace; pourveu que nous combattions ſous ſes étendars & ſous ſes enſeignes, il eſt impoſſible que la victoire ne ſe déclare hautement en nôtre faveur, & que nous ne repouſſions nos ennemis ſpirituels, ſans qu'ils ayent la force de nous nuire. Encore ce n'eſt pas dire aſſez qu'elle nous fait vaincre. Ne craignõs point d'ajouter aprés S. Paul que nous ſommes par elle plus que vainqueurs. Non ſeulement nous vainquons en reſiſtant aux attaques & aux tentations de Satan, mais auſſi munis & accompagnez de la grace nous ſommes plus que victorieux, parce qu'elle remplit nos ames de contentement & de joye au milieu même de la ſouffrance, & nous donne ſujet de nous en glorifier comme du plus grand honneur qui nous pût jamais arriver, de ſorte que nous ne devons faire aucune difficulté de nous eſtimer heureux pourveu que nos cœurs ſoient remplis de la grace du Seigneur qui ſeule peut ſuffire à tous nos beſoins, &

dont

dont *la vertu*, comme parle Saint Paul, *s'accomplit dans l'infirmité* de ſes creatures. C'eſt la veritable panacée propre pour nous guerir de quelque nature que ſoient nos langueurs & nos maladies. La poſſe-dans nous ne pouvons manquer de rien, car elle ſuffit à nos neceſſitez differentes, & cõme pendant que les Iſraëlites étoient errãs dans le deſert deſtituez de toutes les choſes qui pouvoient ſervir à leur ſubſiſtance, Dieu de ſon côté s'intereſſant pour eux ſupplea dans cette occaſion à leur indigence d'une façon admirable; ils étoient ſans pain & il leur en fit pleuvoir des Cieux tous les matins; ils n'avoient point de viandes, & il commanda aux vens de leur apporter des cailles; ils mouroient de ſoif, & il tira des ſources intariſſables d'eau du ſein aride des rochers; leurs habits pouvoient s'uſer, ſans qu'ils euſſent les moyens d'en recouvrer de nouveaux, & il conſerva leurs premiers vétemens en leur entier ſans s'envieillir & ſans ſe rompre; on peut dire auſſi, mes Freres, que la grace preſentement nous ſuffit de la même maniere que la protection de Dieu ſuffiſoit à l'ancien Iſraël durant tout le tems de ſon ſejour dans les deſerts de l'Arabie. Avec cette grace nous ne pouvons jamais perir. Si la faim nous preſſe, nous avons en elle *une viande que le monde ne connoît point*, Gen. 27.4. Jean 4. 32.

une

une viande d'appetit qui fait gouter des delices ineffables à ceux qui ont le ſoin d'en raſſaſier leurs ames. Si nous ſommes travaillez de la ſoif, nous trouvons en elle
Jean 4. 14. une ſource d'eaux *qui rejalliſſent en la vie éternelle.* Si nous ſommes nuds, cette grace eſt un creſpe fin & luiſant dont étans couverts & parez nous devenons parfaitement agreables aux yeux du Pere Celeſte. Si nous ſommes dans la diſette, cette grace eſt nôtre treſor, comme elle eſt nôtre lumiere dans les tenebres, nôtre conſolation au milieu de nos ennuis, nôtre retraitte lors que nous ſommes menacez de
1. Cor. 9. 22. quelque danger, *ſe faiſant ainſi toutes choſes à tous*, afin de ſuffire au ſalut & aux beſoins de tous les fidéles.

Aprenons de là, mes chers Freres, quel doit être le but principal de nos deſirs, non les biens periſſables de la Terre, non les honneurs ou les commoditez du ſiecle; car tous ces avantages mondains n'ont point aſſez de vertu pour nous rendre heureux; comme ceux qui les poſſedent en ſont eux-mêmes convaincus, étant forcez de reconnoître qu'ils ne peuvent procurer à leurs eſprits une ſatisfaction entiere, c'eſt pourquoi ils n'en ont jamais à leur avis autant qu'ils en ſouhaiteroient. Mais ce que nous devons demander ardemment à Dieu, c'eſt ſa grace pour obtenir

tenir par ſon moyen la remiſſion de nos offenſes, la ſanctification de nos ames, & le ſecours charitable de ſon Eſprit Conſolateur pour nous ſoutenir dans nos épreuves; car nous vous avons prouvé qu'elle eſt plus que ſuffiſante à tous ces divers égards. Trouvez-vous, ô homme, que vous êtes un grand pecheur, & le nombre infini de vos rebellions ſe preſentant à vôtre eſprit vient-il troubler vôtre repos, & vous cauſer des transes mortelles dans l'aprehenſion du juſte jugement de Dieu dont vous avez attiré ſur vous l'indignation & la colere? Ayez recours à la grace de Jeſus qui ſuffi pour vous laver de vos taches, & non ſeulement vous, mais en general tous ceux qui embraſſent ſa juſtice par une vraye foi. Car ſi l'offenſe d'Adam a bien ſuffi pour attirer la condamnation ſur toute ſa race, à plus forte raiſon la grace & le merite du ſecond Adam, J. C. nôtre Seigneur doit-il ſuffire pour procurer la juſtice & le ſalut éternel aux veritables croyans qui ſont ſa poſterité ſpirituelle. Remarquez-vous encore avec une douleur extreme que le peché n'a toûjours que trop de vigueur en vos membres pour vous porter à la rebellion contre Dieu vôtre Souverain Seigneur? Implorez la grace du Redempteur qui ſuffit pour dompter vos paſſions criminelles, &

re-

reconnoiſſans humblement que de vous-mêmes vous n'êtes pas capables d'avoir
2. Co. 3. 5. une ſeule bonne penſée, *mais que toute vôtre ſuffiſance vient de Dieu*, priez le de vous donner ſa grace ſanctifiante, qui ôtant le mal de vos cœurs mette le bien en la place, & dites lui dans cette penſée comme
Cant. 1. 4. l'épouſe du cantique, *tire nous ô Dieu que nous courions apres toi* : Etes-vous preſſez d'un grand nombre de tentations violentes qui vous font ſoupirer amerement, & craignez-vous qu'étant abandonnez à vôtre propre foibleſſe, il ne vous arrive enfin de ſuccomber ſous leur peſanteur? C'eſt encore ici qu'il vous eſt plus neceſſaire que jamais de recourir à la grace, & c'eſt auſſi cette grace bien faiſante & ſecourable que vous devez deſirer avec un ſaint empreſſement pour être par ſon aſſiſtance fortifiez dans les maux accablans qui vous environnent. Peut-être aurez vous ſouvent demandé à Dieu qu'il vous en delivre, mais il n'aura point jugé à propos de vous accorder l'effet de vos vœux, comme il ne voulut point exaucer S. Paul qui le conjuroit par des prieres ardentes d'éloigner de ſa perſonne l'Ange de Satan dont il étoit ſi cruellement travaillé. Ne ſoyez point ſurpris, Chrêtiens, de ce procedé de Dieu. Sçachez que les afflictions ſont neceſſaires aux fidéles en la vie preſente,

ſente, & que ſi elles ſont ſenſibles & incommodes à la chair qui eſt naturellement impatiente, elles ſont neanmoins d'un grand & d'un merveilleux uſage pour l'avancement de leur ſanctification. Ce ſont comme des aiguillons dont les picqures ſalutaires ſervent à nous reveiller de nôtre aſſoupiſſement charnel. Ce ſont des moyens efficaces en la main de Dieu pour exciter nôtre foi, pour animer nôtre zéle, pour nous détacher du monde, pour nous porter à l'humilité en nous faiſant connoître nôtre neant, pour nous empêcher de concevoir une opinion trop avantageuſe de nous mêmes, pour nous obliger enfin à recourir avec aſſiduité à la priere que nous devons conſiderer comme nôtre ſeul & vrai refuge dans nos maux.

Si donc il arrive quelque fois que Dieu nous refuſe quand nous lui demandons qu'il nous en preſerve, nous ne devons point nous en étonner, puiſqu'il refuſe de même ſon Apôtre quand il le prie de le delivrer de l'écharde qui le travailloit en ſa chair. Il n'y avoit apparemment rien que de juſte & de legitime dans ce ſouhait Apoſtolique. Cependant la priere de S. Paul n'eſt point écoutée, parce que quelque raiſonnable qu'elle nous paroiſſe, elle ne laiſſoit pourtant pas d'être prejudiciable à ſon ſalut, cette épreuve étant néceſſaire

ceſſaire pour empêcher qu'il ne s'elevâ par excez en penſant aux dons glorieux dont le Seigneur l'avoit liberalement enrichi. Ne nous décourageons point non plus, mes freres, encore que nos deſirs ne ſoient pas toûjours exaucez. Au lieu d'en concevoir du chagrin & du dépit, nous devons plûtôt rendre graces au Seigneur de ce refus & adorer ſa ſageſſe avec une humilité profonde. Diſons, que c'eſt un pere plein de tendreſſe qui connoît mieux que nous-mêmes ce qui nous eſt utile & propre. Si dans ces rencontres il nous accordoit au pié de la lettre & ſans examen tout ce que nous lui demandons, nous aurions juſte ſujet d'être en doute de l'affection qu'il nous porte. Mais en nous refuſant comme il fait, c'eſt une marque aſſurée qu'il s'intereſſe plus dans nôtre ſalut que nous n'en ſommes ſoigneux nous-mêmes. Principalement nous devons nous en conſoler par cette conſideration que s'il nous refuſe à un égard il nous accorde toûjours en l'autre beaucoup plus que nous ne lui demandons. Saint Paul deſiroit que l'Ange de Satan s'éloignât de lui mais voici qu'au lieu de cette faveur, Jeſus lui communique ſa grace pour ſoûtenir les aſſauts de cet ennemi d'une maniere avantageuſe qui ſervît à faire éclater l'ardeur de ſon zéle & la fermeté de ſa foi. Ce

doux

doux & charitable Sauveur en uſe auſſi ſouvent envers nous de la même ſorte. Il permet que nous ſoyons expoſez à des tentations diverſes, & s'il ne nous en délivre pas toûjours comme nous le voudrions, en recompenſe il nous enrichit de ſa grace dont la Puiſſance victorieuſe ne reluit jamais d'avantage que dans nos plus grandes épreuves. Car cõme c'eſt durant les tenebres d'une nuit obſcure que la lumiere des étoilles brille avec le plus d'éclat dans le firmament, auſſi quand nous ſommes enſevelis dans les profondes tenebres de l'adverſité, c'eſt alors qu'on peut admirer ſur tout en nous le prix de la grace, & le fourneau de la tentation ne ſert pas moins à nous purifier, que le feu ſert à l'or qui ayant paſſé par le creuſet de l'Orfévre, en ſort plus pur qu'auparavant. Ce que nous ſommes donc obligez de demander particulierement à Dieu, c'eſt ſa grace. Si nous avons le bonheur d'en être remplis elle nous ſuffit. Fuſſions engagez dans des perils apparemment inevitables, viſſions-nous toutes les creatures ſe liguer enſemble & conſpirer nôtre perte d'un commun accord, *quand les montagnes ſe remue-* Eſaïe. 54. 10. *roient & que les côteaux changeroient de place*, avec cette grace nous ne devons rien apprehender, puiſque ſous l'ombre de ſes ailes nous ſerons dans une parfaite aſſurance contre toutes les entreprises des Hommes & des Démons. S. Philippe disoit au Sauveur du monde dans le desir de voir le Pere Eternel, afin de fortifier sa foi qui étoit encore fort chancelante, *Seigneur, montre nous le Pere, & il nous suffit.* Pour nous, fidéles, tenons au Fils de Dieu un autre discours; Seigneur, lui devons-nous dire, donne nous ta grace & il nous suffit. Nous ne te prions point de nous accorder des biens temporels, c'est la passion des hommes mondains qui ne s'arrétent qu'aux choses sensibles & perissables. Mais nôtre plus ardent souhait est de posseder ta grace qui seule vaut mieux que toutes les richesses des avares, que toute la vaine gloire des ambitieux, que tous les plaisirs dereglez des libertins & des profanes. Car en effet un homme qui joüit de la grace & qui en éprouve dans son cœur salutairement la vertu, doit être content & satisfait au delà de toute imagination. Quand il se trouveroit reduit dans le dernier abandonnement, privé de tous les biens necessaires pour sa subsistance en cette vie, il doit être persuadé qu'elle peut lui suffire à tout, & qu'elle lui tiendra lieu de tresors, de dignitez, de plaisirs & de délices, sans que la mort elle-même soit capable de lui ravir un si grand bien.

Jean 14. 8.

Voulons-nous donc, mes tres-chers Fre-

Freres, voulons nous joüir de cette grace dont les effets ſont ſi ſalutaires & ſi precieux? Conformons-nous avec ſoin aux enſeignemens qu'elle nous donne, & bien loin d'entreprendre de lui reſiſter, propoſons-nous plûtôt de nous laiſſer conduire par ſes inſpirations celeſtes. Loin de nous ces profanes qui diſent dans un eſprit de libertinage & d'impiété, *pechons afin que la grace abonde.* Rom. 6. 1. Ces gens ne peuvent jamais avoir de part à la grace tant qu'ils ſeront en cet état criminel. Elle n'habite point dans des cœurs où elle ſeroit outragée & traittée ſi indignement. Puiſqu'ils ont l'inſolence de lui déclarer la guerre, comment pourroit-elle leur preſenter le rameau d'olive, je veux dire les rejoüir par les douces aſſurances de leur reconciliation avec Dieu? Elle les arracheroit de l'enfer: & ils ne voudroient pas s'élogner du vice. Elle tâcheroit de les élever au Ciel; & ils y tourneroient le dos par leur endurciſſement inſurmontable. Elle ſe preſenteroit à eux pour les laver de leurs tâches, & ils retourneroiēt ſe plonger ſans repugnance dans le ſale & puant bourbier de leurs convoitiſes impures. Non, mes Freres, comme il n'y a point de paix pour les pecheurs rebelles & impenitens, ajoutons qu'il n'y a point non plus de grace pour eux. Si cette grace eſt *ſalutaire à tous* Tit. 2. 11.

les hommes, comme nous l'aprend Saint Paul, elle ne ſauve neanmoins que ceux qui lui obeïſſent, & qui prennent peine de regler leur vie ſur ſes divines leçons. Elle veut que nous ſoyons ſobres à l'égard de nous mêmes, juſtes à l'égard de nos prochains, religieux à l'égard de Dieu. Acquitons-nous en bonne conſcience de ces trois parties eſſentielles de la piété qui ſont ſi étroitement unies, qu'elles ne peuvent être ſeparées. Que toute nôtre conduite ſoit reglée par une ſage & honnête temperance qui nous donne du dégoût & du mépris pour les voluptez de la terre qui ſont les delices des mondains. Que toutes nos actions ſoient accompagnées d'équité & de juſtice pour ne nous contenter pas ſeulement de rendre à nos prochains les choſes qui leur ſont duës, mais pour leur procurer auſſi tous les bons offices qui ſeront en nôtre puiſſance. Que toute nôtre vie ſoit animée d'un ſaint zele pour la gloire de Dieu, afin de ne reſpirer tous que ſon ſervice, & de ne nous employer à rien avec plus d'ardeur qu'à l'avancement de ſon Royaume en la terre. Tâchons encore de reünir en nos perſonnes toutes les belles & aimables qualitez de cette grace. Elle eſt ſi debonnaire & ſi douce qu'elle ne veut point la mort des pecheurs. Renonçons donc à tous les deſirs de vengeance,

geance, *ne rendans à personne mal pour mal,* Rom. 12. 17.
ni outrage pour outrage. Elle aime sur toutes choses l'humilité : car il est dit, *que Dieu resiste aux orgueilleux, & qu'il ne fait grace* Iacq. 4. 6.
qu'aux humbles. Donnons-nous donc bien garde de nous élever jamais par orguëil, & humilions-nous plûtôt profondement en la presence de Dieu dans la consideration de nôtre neant, reconnoissans avec le Prophete, *qu'à lui est la justice & à nous* Daniel. 9. 7.
confusion de face. Cette grace est pacifique : elle se plaît non dans la division & dans le trouble, mais dans la concorde & dans l'union. Afin donc qu'elle vienne reposer sur nous, éloignons de nos esprits les aigreurs, les haines & les querelles ; *que toutes nos paroles soient confites en sel avec* Col. 4. 6.
grace, sans y mêler jamais le fiel ni le vinaigre de nos emportemens. Si nous vivons de cette sorte, ne doutons pas que la grace de son côté ne nous fasse heureusement experimenter qu'elle peut nous suffire en toutes manieres. Sommes-nous affligez ? Elle nous consolera interieurement, répandant en nos ames l'esprit d'adoption, *qui rendra témoignage avec nôtre* Rom. 8. 16.
esprit que nous sommes enfans de Dieu. Sommes nous attaquez par des ennemis puissans qui mettent tout en usage pour avancer la ruine de l'Eglise ? Cette grace nous fera subsister glorieusement en dépit

d'eux, & souflant sur tous leur projets elle en rendra son Eglise pleinement victorieuse. En un mot elle nous servira de lenitif dans nos douleurs, de soûtien dans nos foiblesses, de conseil dans nos doutes, de refuge dans nos allarmes, & de guide dans la mort, nous prenans alors comme par la main pour nous introduire dans cet auguste sejour que Dieu a choisi pour sa demeure, & où ayans le bonheur d'être admis nous n'aurons plus besoin de la grace; la gloire lui succedera & prendra sa place pour nous élever en nos corps & en nos ames, au souverain comble d'un bonheur qui ne finira jamais.

AMEN.

www.ingramcontent.com/pod-product-compliance
Ingram Content Group UK Ltd.
Pitfield, Milton Keynes, MK11 3LW, UK
UKHW020444180726
13839UKWH00004B/1607

9 782329 606156